Armin Täubner

Laubsägen zur Winterzeit

frechverlag

Von Armin Täubner sind im frechverlag weitere Bücher zum Thema Weihnachten erschienen. Hier eine Auswahl:

TOPP 2651

TOPP 2663

TOPP 2527

TOPP 1157

TOPP 2241

TOPP 2525

Fotos: frechverlag GmbH + Co. Druck KG, 70499 Stuttgart;
Fotostudio Täubner

Dieses Buch enthält:
2 Vorlagenbogen

Auflage: 5. 4. 3. 2. 1. | Letzte Zahlen
Jahr: 2004 2003 2002 2001 2000 | maßgebend

ISBN 3-7724-2668-9 · Best.-Nr. 2668
Druck: frechverlag GmbH + Co. Druck KG, 70499 Stuttgart

Manche Dinge müssen einfach aus Holz sein – oder können Sie sich einen Schwibbogen aus einem anderen Material vorstellen?

Holz ist ein sehr vielseitiges Bastelmaterial, das in der Adventszeit Hochkonjunktur hat: Sterne, Schneemänner und Krippenszenen, Anhänger, Fensterbilder oder Kerzenhalter, naturbelassen oder bunt bemalt – Sie haben die Wahl!
Durch kleine Ergänzungen können viele Motive sowohl als Wandbild als auch als Anhänger oder Standbild gearbeitet werden.

Fast in jedem Haushalt finden sich eine Laubsäge und eine Bohrmaschine. Sollten Sie sich noch nicht trauen, übernimmt vielleicht Ihr Partner oder ein Verwandter oder Bekannter das Aussägen und Sie beschränken sich zunächst aufs Bemalen.

Neben sehr einfachen Motiven finden sich hier auch echte Herausforderungen für geübte Bastlerinnen und Bastler.

Material & Werkzeug

Holz

Im Buch wird Sperrholz der Stärken 3 mm bzw. 6 mm verwendet. Der Fachhandel bietet verschiedene Holzarten an, die eine mehr oder weniger starke Maserung aufweisen und sich auch farblich unterscheiden.
Ob Sperrholz nur für den Innenbereich oder auch für draußen geeignet ist, hängt vom verwendeten Leim ab. Wenn Sie also Motive speziell für draußen arbeiten wollen, müssen Sie wasserfestes Sperrholz verwenden.
Motive aus Fichtenleimholz können abschließend mit Holzwachs, Holzöl, Holzlasur oder mit Klarlack eingelassen bzw. angemalt werden. Dadurch erhält das Holz einen wärmeren Ton und die Holzmaserung wird betont.
Einfache Motive lassen sich gut mit der Dekupiersäge aus starken Fichten-Leimholzplatten aussägen.
Fertige Kerzenleuchter, die für einige Motive benötigt werden, sind im Handel erhältlich.
Für manche Stücke sind Rundholzstäbe zur Aufhängung, bzw. Zierleisten zum Aufstellen notwendig.
Zum Kleben verwenden Sie am besten Holzleim, der transparent auftrocknet.

Laubsäge

Spannen Sie das Sägeblatt mit den Zähnen nach unten ein, da in Abwärtsbewegung gesägt wird. Weil das feine Sägeblatt beim Sägen schnell heiß wird und daher leicht reißt, ziehen Sie es am besten von Zeit zu Zeit durch ein Stück Kernseife. So bildet sich eine Gleitschicht und die Reibungshitze wird deutlich herabgesetzt.
Gesägt wird auf einem kleinen Sägetischchen mit V-Ausschnitt, das mit einer Schraubzwinge an der Tischplatte befestigt wird.

Bügelsäge mit drehbarem Sägeblatt

Der Bogen der Bügelsäge ist kleiner als bei der Laubsäge. Für unsere Zwecke benötigen wir eine Bügelsäge mit verstellbarem Winkel des Sägeblattes.

Das Sägeblatt für Holz sollte nicht breiter als 4 mm sein. Es wird so in die Säge eingespannt, dass die Zähne zum Griff hinweisen.

Dekupiersäge

Die Dekupiersäge ist eine Art elektrische Laubsäge, mit der dünne, aber auch mehrere Zentimeter dicke Holzplatten, Kunststoffe und sogar Metallbleche gesägt werden können. Die Zähne des Sägeblattes weisen nach unten. Beim Aussägen wird das Werkstück auf den Sägetisch gelegt und zum Sägeblatt hingeführt.

Holzfeilen

Holzfeilen gibt es in verschiedenen Größen und Formen. Am besten eignet sich eine feine, halbrunde Holzfeile. Mit ihrer flachen Seite können Sie gerade Ränder nachfeilen und mit der anderen lassen sich Rundungen bearbeiten.

Schleifpapier

Grob (Körnung 80), fein (Körnung 120) und sehr fein (Körnung 240). Möchten Sie größere Flächen glätten, legen Sie einen Schleifpapierstreifen um einen Schleifblock. Bei kleinen Zwischenräumen wird ein Schleifpapierstreifen um ein rundes oder eckiges Hölzchen gelegt.

Bohrmaschine

Für Aufhängelöcher verwenden Sie einen 2 mm-Holzbohrer. Soll ein Rundholzstab eingesteckt werden, muss darauf geachtet werden, dass Bohrer und Holzstab denselben Durchmesser haben. Innenflächen, die herausgesägt werden sollen, bohren Sie zuerst mit einem 5 mm-Bohrer an.
Legen Sie stets einen Holzrest unter das Werkstück. Drücken Sie es fest auf und wählen Sie eine möglichst hohe Drehzahl, damit das Bohrloch an der Unterseite nicht ausfranst.

Bemalung

Entweder Sie bemalen die Motive mit dem Pinsel und Acrylfarben oder Sie verwenden den praktischen HOLZ-PEN (Hobbidee®), der in vielen Farben angeboten wird. Er hat entweder eine breite Spitze für einen flächigen Farbauftrag oder eine schmale Spitze für Details.

Befestigung der Motive

An der Fensterscheibe oder auf glatten Flächen können Sie die Motive z.B. mit UHU tac patafix befestigen. Wenn Sie die Stücke lieber aufhängen möchten, verwenden Sie dünnes Sperrholz. Sollen sie als Stecker auf dünne Holzstäbe geleimt werden, muss das Sperrholz mindestens 6 mm dick sein. Auf einer Bodenplatte können dagegen sowohl Motive aus dünnem als auch dickem Sperrholz befestigt werden, indem Sie beidseitig eine Zierleiste anleimen.

Schritt für Schritt erklärt

1. Pausen Sie das Motiv mit Bleistift vom Vorlagenbogen auf Transparentpapier oder Butterbrotpapier ab.

2. Legen Sie das durchgepauste Bild auf die Holzplatte. Dazwischen schieben Sie einen Bogen Kohlepapier mit der eingefärbten Seite nach unten. Fixieren Sie das Transparentpapier mit Klebestreifen auf der Holzplatte. Nun werden die Konturen z.B. mit einem leergeschriebenen Kugelschreiber aufs Holz übertragen. Bei größeren Motiven verschieben Sie einfach das Kohlepapier.

3. Innenflächen, die herausgesägt werden müssen, sind auf dem Vorlagenbogen mit kleinen Kreuzen markiert. Bohren Sie mit der Bohrmaschine mitten in jede Innenfläche ein Loch (ø ca. 5 mm). Auch Aufhängelöcher (ø ca. 2 mm) oder Augen werden nun gebohrt. Indem Sie beim Bohren die Holzplatte auf eine hölzerne Bohrunterlage pressen, vermeiden Sie, dass die Bohrlochränder auf der Rückseite der Platte ausfransen.

4. Sägen Sie das Motiv zunächst grob aus; dadurch wird der Sägeweg vom Rand zum Bild verkürzt. Wenn Sie eine Laubsäge verwenden, legen Sie die Holzplatte auf das mit einer Schraubzwinge befestigte Sägebrettchen. Beim Sägen

wird das Sägeblatt stets innerhalb des V-Ausschnitts des Sägebrettchens auf und ab bewegt.
Erheblich schneller sägen Sie das Motiv mit der Dekupiersäge aus. Hier wird das auszusägende Stück auf das Sägeblatt zugeführt.
Für die Innenschnitte wird sowohl bei der Laub- als auch bei der Dekupiersäge das Sägeblatt an einer Seite gelöst, durch das Bohrloch gesteckt und dann wieder fixiert.
5. Zunächst werden die Ränder mit der Feile geglättet und anschließend mit dem groben Schleifpapier nachgeschliffen. Danach wird das Motiv mit dem feinen Schleifpapier überarbeitet. Bürsten Sie zum Schluss den Holzstaub ab.
6. Bemalen Sie die Flächen mit dem breiten HOLZ-PEN bis zu den abgrenzenden Kohlepapierlinien. Es gibt aber auch Stellen, die Sie mit diesem Stift nicht erreichen oder ganz feine Umrandungen. In diesem Fall nehmen Sie ein Schälchen (z.B. einen Blechdeckel), pumpen durch mehrmaliges kräftiges Aufdrücken der HOLZ-PEN-Spitze (breite Spitze) Farbe in das Schälchen und tragen dann die Farbe mit dem Pinsel auf das Motiv auf. Augen, Punkte und feine Linien werden zum Schluss mit dem feinen schwarzen HOLZ-PEN aufgemalt. Abschließend wird das Arbeitsstück noch mit Klarlack überarbeitet.

Lustige Schneemänner

Motivgröße ca. 15 cm x 20 cm

- Fichtenleimholz, 18 mm dick
- HOLZ-PEN, fein, in Schwarz
- HOLZ-PEN, breit, in Weiß, Rot, Schwarz und Blau

Diese beiden Schneemänner gleichen sich – bis auf die Fliege! Beginnen Sie beim Bemalen mit der weißen Farbe. Zum Schluss werden Gesichter und Kohlenknöpfe mit einem schwarzen Lackstift oder dünnem HOLZ-PEN aufgemalt.

Weihnachtlicher Portier

Abbildung Seite 10

Motivgröße ca. 49 cm x 78 cm

- Sperrholz, 6 mm dick
- HOLZ-PEN, fein, in Schwarz
- HOLZ-PEN, breit, in Schwarz, Braun, Weiß, Blau, Orange, Rot und Gelb

Der Schneemann wird mit der Dekupiersäge, der Bügelsäge oder der Stichsäge ausgesägt und nach dem Bemalen mit Klarlack besprüht.

Weihnachtlicher Portier

Beschreibung Seite 8

Zweierlei Sterne

Motiv-Durchmesser ca. 18 cm

- Sperrholz, 3 mm und 6 mm dick
- Kerzenhalter, ø 30 mm
- Holzleim

Das sternförmige Unterteil des Kerzenhalters wird aus dem dickeren Sperrholz gearbeitet. Der Innenstern muss nicht ausgesägt werden, weil er vom aufgeleimten Kerzenhalter ohnehin fast verdeckt wird.
Den Fensterstern sägen Sie aus dem dünneren Sperrholz.

Weihnachtskrippe

Motivgröße ca. 30 cm x 20 cm

✘ Sperrholz, 3 mm dick

Zuerst werden die kleinen, danach die größeren Innenflächen ausgesägt. Erst zum Schluss folgt die äußere Kontur.
Das Motiv kann entweder mit UHU tac patafix an die Fensterscheibe geklebt oder mit Fäden an einem Tannenzweig oder Rundholzstab aufgehängt werden.

Schneemann-Trio

Motivgröße ca. 27 cm x 17 cm

- Sperrholz, 6 mm dick
- HOLZ-PEN, fein, in Schwarz
- HOLZ-PEN, breit, in Rot, Braun, Gelb, Orange, Blau, Weiß, Hell- und Dunkelgrün

Nach dem Bemalen werden die Kleidungsstücke schwarz konturiert und Augen sowie Kohlenknöpfe aufgemalt.

Waldszene

Motivgröße ohne Kerzen

ca. 44 cm x 27 cm

- Bodenplatte, ca. 44 cm x 14 cm (siehe Vorlage)
- Sperrholz, 6 mm dick
- 2 Profilleisten, 39 cm lang, 3 cm breit
- 7 Kerzenhalter, ø 30 mm
- Holzleim
- Holzbohrer

Nach dem Aussägen der Innenflächen werden die Tieraugen gebohrt (ø 2 mm). Das fertige Motiv wird auf die Bodenplatte geleimt. Zur besseren Stabilität kann beidseitig noch eine Profilleiste angebracht werden – was auch hübsch aussieht. Zum Schluss werden die Kerzenhalter auf die sieben Podeste des Schwibbogens geleimt.

Weihnachtliche Reise

Motivgröße ca. 54 cm x 18 cm

- Sperrholz, 3 mm dick
- Rundholzstab, ø ca. 10 mm
- Holzbohrer, ø 2 mm (Sterne)
- Beigefarbener Faden

Nachdem Sie das Motiv ausgesägt haben, sägen Sie zwischen die Päckchen auf dem Schlitten zwei etwa 7 mm tiefe Einschnitte.
Der Rentierschlitten kann auch frei stehend aufgestellt werden, indem beidseitig jeweils eine 54 cm lange Profilleiste angeleimt wird.

Die Sterne (Vorlage siehe Motiv „Schwebende Engel", S. 21) werden angebohrt und an einem Rundholzstab über dem Schlitten aufgehängt.

Schwebende Engel

Abbildung Seite 21

Motivgrößen

Einzelner Engel: ca. 12 cm x 15 cm

Stern: ø ca. 6 cm

- Sperrholz, 3 mm dick
- Holzleim
- Holzbohrer, ø 2 mm
- Beigefarbener Faden

Die Linie, die das Haar des Engels von Gesicht und Kleid abgrenzt, ist die Kohlepapierlinie. Sie kann zusätzlich mit Bleistift nachgezogen werden. Leimen Sie jeweils einen Stern zwischen die Hände zweier Engelarme. Engel und Sterne werden jeweils mit einer oder zwei Bohrungen versehen, an denen beliebig lange Bänder befestigt werden.

Zweigmobile

Abbildung Seite 22

Motivgröße mit Anhängern

ca. 26 cm x 40 cm

- Sperrholz, 3 mm dick
- Holzbohrer, ø 2 mm
- Beigefarbener Faden

Nach dem Aussägen können Sie die Holzteile noch einwachsen oder -ölen um die Maserung des Holzes zu betonen (vgl. Seite 4).

Buntes Ensemble

Abbildung Seite 23

Motiv-Durchmesser ca. 23 cm

- Sperrholz, 3 mm dick
- Holzbohrer
- HOLZ-PEN, fein, in Schwarz
- HOLZ-PEN, breit, in Rot, Gelb und Grün

Bemalen Sie zuerst die gelben Motivteile. Es folgen die grünen und roten Flächen. Danach werden mit einem feinen schwarzen HOLZ-PEN Kerzendocht, Kerzenunterseite und die Linien auf die Tannenzweige gemalt.

Schwebende Engel

Beschreibung Seite 20

Zweigmobile

Beschreibung Seite 20

Buntes Ensemble

Beschreibung
Seite 20

Krippenszene unterm Bogen

Motivgröße ohne Kerzen
ca. 44 cm x 32 cm

- Bodenplatte, ca. 44 cm x 14 cm (siehe Vorlage)
- Sperrholz, 6 mm dick
- 2 Profilleisten, 39 cm lang, 3 cm breit
- 9 Kerzenhalter, ø 30 mm
- Holzleim
- Holzbohrer

Das Motiv wird wie der Schwibbogen auf Seite 16/17 gearbeitet. Auch Bodenplatte, Profilleisten und Kerzenhalter sind identisch.

Weihnachtskrippe

Abbildung Seite 3

Motivgröße ca. 36 cm x 20 cm

- Sperrholz, 3 mm dick
- Holzbohrer

Zuerst werden die kleinen, danach die größeren Innenflächen ausgesägt. Erst zum Schluss folgt die äußere Kontur.
Das Motiv kann entweder mit UHU tac patafix an die Fensterscheibe geklebt oder mit Fäden an einem Tannenzweig oder Rundholzstab aufgehängt werden.

Weihnachtsläuten

Motivgröße ca. 25 cm x 17 cm (ohne Buchstaben)

- Sperrholz, 3 mm dick
- Holzbuchstaben, ca. 6 cm hoch (Hobbidee®)
- HOLZ-PEN, fein, in Schwarz
- HOLZ-PEN, breit, in Rot, Gelb und Grün

Motiv und Buchstaben werden mit HOLZ-PEN bemalt. Anschließend konturieren Sie Glocken, Sterne und Schleife mit dem feinen schwarzen HOLZ-PEN. Zum Schluss werden die Umrisse mit schwarzem HOLZ-PEN nachgezogen.

An der Futterkrippe

Abbildung Seite 28/29

Motivgrößen
Große Tanne: ca. 10 cm x 12 cm
Hirsch: ca. 9 cm x 12 cm
Hase: ca. 5 cm x 6 cm

- Fichtenleimholz, 18 mm dick
- Holzbohrer

Sägen Sie die Figuren mit der Dekupiersäge oder der Bügelsäge aus. Beachten Sie dabei den Verlauf der Maserung!

OHES
EST

An der Futterkrippe

Beschreibung Seite 26

Vogelhäuschen

Motivgrößen
Meisenring:
ca. 18 cm x 12 cm
Häuschen:
ca. 16 cm x 24 cm
(ohne Stab)

- Sperrholz, 3 mm und 6 mm dick
- Rundholzstab, ø 3 mm
- Holzleim
- Holzbohrer, ø 3 mm
- HOLZ-PEN, fein, in Schwarz und Braun
- HOLZ-PEN, breit, in Weiß, Rot, Gelb, Schwarz, Braun, Grün und Blau
- Weißer Faden

Der Holzstab (Sperrholz, 6 mm dick) an der Unterseite des Vogelhäuschens kann beliebig verlängert werden, indem Sie ihn auf der Sperrholzplatte länger aufzeichnen. Zunächst wird das Flugloch herausgesägt und darunter ein Loch (ø 3 mm) gebohrt, in das Sie nach dem Bemalen ein etwa 8 cm langes Rundholzstäbchen mit demselben Durchmesser stecken. Das Tor wird aus dünnem Sperrholz ausgesägt, weiß bemalt und auf das Häuschen geleimt.

Die Körner auf dem Meisenring sowie die Vogelaugen werden erst zum Schluss aufgemalt. Bohren Sie noch ein Loch in den Meisenring, durch das Sie den Aufhängefaden ziehen.

Schneelandschaft

Beschreibung Seite 34

Schneelandschaft

Abbildung Seite 32/33

Motivgröße ca. 42 cm x 30 cm

- Sperrholz, 3 mm dick
- Holzbohrer

Lassen Sie sich die Sperrholzplatte am besten in einem Baumarkt auf Maß zusägen. Sind die Konturen übertragen, werden die mit einem Kreuzchen markierten Innenflächen angebohrt und ausgesägt. Beginnen Sie mit den kleinsten Innenflächen und arbeiten Sie sich Fläche um Fläche von einer Seite zur anderen.

Schneeglöckchen

Motivgröße ca. 20 cm x 21 cm

- Sperrholz, 3 mm dick
- Holzbohrer, ø 3 mm
- HOLZ-PEN, breit, in Weiß und Grün

Bohren Sie das Aufhängeloch, bevor Sie das Motiv anmalen. Zuerst werden die weißen Teile des Motivs bemalt und danach schwer erreichbare Innenkanten mit dem Pinsel vorgearbeitet. Anschließend wird die grüne Fläche mit HOLZ-PEN und Pinsel bemalt.

Oh Tannenbaum ...

Motivgröße ca. 29 cm x 22 cm

- Sperrholz, 6 mm dick
- 2 Profilleisten, 29 cm lang, 3 cm breit
- 2 Kerzenhalter, ø 30 mm
- Holzleim

Der Tannenbaum wird beidseitig durch zwei Profilleisten stabilisiert. Danach werden die beiden Kerzenhalter aufgeleimt.

Feierliches Leuchten

Motiv-Durchmesser ca. 21 cm

- Sperrholz, 3 mm dick
- 6 Konusplättchen, ø 20 mm
- Holzbohrer, ø 2 mm
- Beigefarbener Faden
- Lampeninstallation

Hängen Sie den kleinen Stern in die Mitte des großen, nachdem Sie dessen sternförmige Mitte (gestrichelte Linie) herausgesägt haben.
Beim beleuchtbaren Stern werden der große und der kleine Stern (gestrichelten Innenstern nicht heraussägen) je zweimal benötigt. Die beiden großen Sterne werden je einmal angebohrt.

Leimen Sie nun die sechs Konusplättchen auf einen der großen Sterne. Nun kann der zweite große Stern aufgeleimt werden. Achten Sie darauf, dass die Bohrlöcher beider Sterne genau übereinander liegen und Sie gegebenenfalls die weniger schöne Seite nach innen nehmen.
Jetzt werden beidseitig die kleinen Sterne versetzt auf die großen geleimt. Führen Sie anschließend die doppeladrige Lampeninstallation in den Stern ein. Dann wird ein Drahtstift oder ein dünnes Holzstäbchen in die Bohrung des vorderen Sterns und durch das zweiadrige Kabel bis zum hinteren Stern durchgesteckt. Jetzt ist die Installation befestigt und der Stern kann daran aufgehängt werden.

Weihnachtliche Anhänger

Motivgrößen
Schlittschuh: ca. 8 cm x 6 cm
Schlitten: ca. 7 cm x 2 cm
Tanne: ca. 6 cm x 7 cm
Stern: ø ca. 6 cm

- Sperrholz, 3 mm dick
- Holzbohrer, ø 2 mm
- Beigefarbener Faden

Schneemann und Hase

<u>*Motiv-Durchmesser ca. 20 cm*</u>

- Sperrholz, 3 mm dick
- Holzbohrer
- HOLZ-PEN, fein, in Schwarz
- HOLZ-PEN, breit, in Weiß, Rot, Blau, Braun, Gelb und Orange

Beginnen Sie beim Bemalen mit den weißen Motivteilen. Der schwarze Hut, die Augen und die Linien auf dem Schal werden zum Schluss aufgemalt.

Zwei Engel

Beschreibung Seite 44

Zwei Engel

Abbildung Seite 42/43

Motivgröße ca. 13 cm x 16 cm

✘ Fichtenleimholz, 18 mm dick

Die Engel werden mit der Bügel- oder der Dekupiersäge ausgesägt und nach dem Schleifen eingeölt, eingewachst oder lackiert.

Tief aus dem Walde...

Motivgrößen
Tannen: ca. 15 cm x 18 cm
Weihnachtsmann:
ca. 17 cm x 21 cm

✘ Sperrholz, 6 mm dick
✘ Rundholzstäbe, ø 3 mm
✘ Holzleim
✘ Holzbohrer, ø 3 mm
✘ HOLZ-PEN, fein, in Schwarz
✘ HOLZ-PEN, breit, in Schwarz, Weiß, Orange, Rot und Grün

Die ausgesägten Motive werden vor dem Bemalen an der Unterseite etwa 1,5 cm tief angebohrt. Anschließend werden zunächst die hellen Farben aufgetragen. Zum Schluss werden die Weihnachtsmann-Augen mit schwarzem Lackstift oder mit dem feinen HOLZ-PEN aufgemalt.
Malen Sie die Rundholzstäbe weiß an, bevor Sie die Motive darauf stecken.

Runde Fensterkrippe

Motiv-Durchmesser ca. 26 cm

- Sperrholz, 3 mm dick
- Holzbohrer

Sägen Sie zuerst die Außenkontur des Rahmens nach. Danach werden die kleinen Innenflächen und zum Schluss die große Innenfläche herausgearbeitet.

Teddy im Adventsstrauß

Abbildung Seite 48

Motivgröße ca. 20 cm x 25 cm

- Sperrholz, 3 mm dick
- HOLZ-PEN, fein, in Schwarz
- HOLZ-PEN, breit, in Weiß, Gelb, Rot, Braun, Hell- und Dunkelgrün

Nach dem Aussägen bemalen Sie das Motiv mit HOLZ-PEN. Die schwarze Konturierung und das Aufmalen von Pupillen, Blattadern und Tannennadeln erfolgt erst zum Schluss mit dem feinen schwarzen HOLZ-PEN.

Teddy im Advents- strauß

Beschreibung Seite 46